Herrn
Absonders Welt

Ich bin ich —
also bin ich.

Markus Geyer
Sabine Geyer

Herrn
Absonders Welt

Ein Dialog im Nachklang

BoD

In Liebe für Klaus und Alexander
In Dankbarkeit
für unsere Familie und Freunde

Vorwort

Als ich erfuhr, dass mein Sohn gegangen war, blieb
für mich die Zeit stehen.
Er ging ohne Groll, ohne Vorwürfe – als seine große
Liebe zerbrach. Ich blieb zurück, voller Selbstvorwürfe
und Verzweiflung.
Wie konnte ich als Mutter den Seelenkampf meines
Sohnes nicht richtig deuten?
Welche Macht hinderte mich, die Vorzeichen zu erken-
nen, die es doch ohne Zweifel gab?
Dann las ich seine Gedichte und Geschichten.
Es war, als würde ich meinen Sohn neu kennenlernen
dürfen.
Und irgendwann wurden mein Schmerz, meine Trä-
nen zu Gedanken, diese zu Worten und Gedichten.

Manchmal durchdringt Liebe Zeit und Raum.
Manchmal ist Liebe stärker als der Tod!

Sabine Geyer

Absonder mit Hündin Selva

Für meinen Sohn

Es war einmal, in unserer Welt, ein junger Mann, der konnte mit den Sternen reden.
Er war groß und schlank, hatte langes Haar und warm blickende, blaugraue Augen.
Sein Humor und seine Satire waren immer treffend, aber nie verletzend.
Oft waren seine Gedanken in einer fernen Welt. Das erschien ihm und auch anderen Menschen absonderlich.
So nannte er sich denn auch: Herr Absonder. Und seine Freunde nannten ihn liebevoll: Herr Abs.
Er war gut zu Mensch und Tier. Er wünschte sich niemals Blumen, da diese nicht gepflückt werden und verwelken sollten.
Einmal, als seine Mutter einen Singvogel kaufen wollte, bat er sie dringend, das nicht zu tun: „Dieser Vogel singt nur aus Schmerz, da er nach seinem Weibchen ruft."
Wahrscheinlich fühlten die Tiere sein gutes Herz, denn niemals hat ein Tier ihn verletzt.
Der junge Mann war im Herzen noch ein Kind. Er war ehrlich und ohne Lüge.
Geld war für ihn ohne Wert, nur eine Notwendigkeit zum Leben.
Wenn er etwas schenkte, dann gab er alles. Es war ihm egal, ob und wie er die kommende Zeit finanziell überbrücken würde. Wichtig für ihn war die Freude des Anderen.
Der junge Mann wollte leben – frei und ohne Zwang. Er wollte mit den Menschen reden und konnte gut zuhören, wenn jemand um seine Hilfe bat.
Sein ganzes Leben war er auf der Suche. Nach Liebe und Geborgenheit.

Eines Tages fand er dann wirklich die Prinzessin seiner Träume.

Er, der sich nie binden wollte, verlobte sich mit seiner Fee und plante eine Hochzeitsfeier – für den Juli 2008. Auf einer Blumenwiese, in der Nähe eines alten Klosters, wollte er heiraten. Die Familie und alle Freunde sollten seine Gäste und Zeugen sein.

Er hatte zwei silberne, mit Blumenornamenten versehene Ringe anfertigen lassen. Dieses Muster hatte er selbst entworfen und er trug seinen Ring mit Stolz.

Der junge Mann war auch ein Träumer und er kam oft mit der Realität des Lebens nicht überein.

Er war Student und hätte die Pflichten des Alltags gut bewältigen können, aber er hatte immer wieder Selbstzweifel und Ängste, die ihn wie böse Geister quälten und ihm die Kraft nahmen.

Und dann zerbrach seine große Liebe.

Die Frau seiner Träume wollte ihn nicht mehr. Sie gab ihm nicht mehr die Gelegenheit zu beweisen, dass er für sie alles, wirklich alles, tun würde.

Irgendwann, in der Zeit zwischen Nacht und Tag, als er den Schmerz um seine verlorene Liebe nicht mehr ertragen konnte und wollte, ging er freiwillig und stolz in eine andere Welt.

Schon immer wusste er um Dinge, die wir nur ahnen können. „Nun weiß er es" – was auch immer er damit meint.

Der junge Mann ist jetzt ein Wanderer, ein Mittler zwischen den Welten.

Er geht seinen Weg zwischen Gestern, Morgen und Heute. So fern und doch so nah!

Manchmal schickt er kleine Zeichen. Man muss sie nur mit dem Herzen erkennen: so wie den großen Vogel am Himmel, der stolz uns umkreist, die Sternschnuppe, die plötzlich vom Himmel fällt, oder die Erinnerung an den Klang seiner Stimme und seines Didgeridoos.

Für immer ist der junge Mann im Herzen seiner Lieben. Sie wissen und glauben daran, dass er sie eines Tages erwarten und begleiten wird – auf dem Weg in das ewige Licht.

– Wir lieben dich so wie du bist, Absi. –

Deine Mutter im Dezember 2007

Unser erster Auftritt – bei der Eröffnung der Agentur meines geliebten Bruderherzes!

Willkommen in
Absonders Welt

Okay!
Wie schon erwähnt, labere ich eigentlich
ununterbrochen.
Uneigentlich halte ich wenigstens ab und an
mal die Klappe, und zwar um Luft zu holen! Jawollja!
Und überhaupt.
Aber egal.
Worauf ich hinaus will, ist Folgendes:
Wenn man mich mal dazu bringen will
(und wer will das nicht),
für unbestimmte Zeit Stille walten zu lassen
und einem nicht weiter auf den Zeiger zu gehen,
so drücke man mir am besten ein gutes Buch
in die Hand. Vorzugsweise natürlich eines, dass
ich noch nicht kenne oder die letzten 4 Monate
nicht mehr gelesen habe!
…
Tjo. Ab und an schreibe ich auch
mal ein Gedicht.
Und nein!
Dass dies keine poetischen und/oder
literarischen Meisterwerke sind, muss
man mir nicht erst sagen. Das merke ich
selbst!
((grinz))
Ich möchte mit ihnen auch keine
Gefühle verarbeiten oder so. Keineswegs.
Mitunter ist mir einfach danach, ein
bestimmtes Gedicht zu schreiben.
Und dann kommt eben auch mal ein

trauriges Liebesgedicht zustande, obwohl
es mir richtig super geht.
Warum ich das Zeug trotzdem online stelle,
obwohl ich es nicht mindestens weltbewegend finde?
Nun: Zum einen heißt „nicht weltbewegend" ja
nicht „schlecht", zum anderen
werden Gedichte ja geschrieben, um gelesen
zu werden.
Lieber ein mittelmäßiges Gedicht, das viele
lesen, als ein gutes, das nie jemand
zu Gesicht bekommt! :)

Gedichte heute

Gedichte reimt man doch nicht mehr
Das wäre Zwang, wär Konvention
Das wär von gestern - und das sehr
Und wer von heute will das schon?
Gedichte sind heut sinnesleer
Nur sinnlos sind sie Kunst
Sinn macht das Verstehen schwer
Die Erkenntnis - nur im Dunst
Gedichte sind heut für Poeten
Sind geschrieben füreinander
Viel zu schwierig für Proleten
Macht die doch nur durcheinander
Gedichte sollen heut auch schocken
Wie der Pop, doch wider ihn
Wir wollen ja Poeten locken
Nicht Pöbel aus der Gosse ziehn
Gedichte sind drum voller Worte
Von wirklich deftigem Niveau
Von der richtig schlimmen Sorte
Die den Meisten viel zu roh
Harte Worte solln schockieren,
Schreien, was sonst viel zu leis
Inhalt zu Euch transportieren.
Und mal ehrlich: so ein Scheiß!

Musen müssen nicht

Ein Schweigen für die Muse
Die still und faul dort liegt
Es scheint, als hab auch hier
Das Schicksal nun obsiegt
Hat lang gelitten
Tage, Wochen, Jahre gar
Vor Hunger immer schwächer
Weil sie lange ohne Muse war
Was sollt ich tun?
Sie war doch faul
Trotz meiner Bitten
– lange nichts
Und dies?
Spuck ich ihr ins Gesicht.
Wehmut bracht es, Zynismus macht es
Und die Kuh hält nicht mal still

Leise rieselt der Schnee

(Für Laura)

Leise rieselt der Schnee
Sternlein, himmelsgesandt
Frag Euch, Herz tut mir weh:
„Wer hat Euch dort gebannt?"
Gesungne Antwort im Wind:
„Es steigt nicht nur was gut
Dorthin wo Englein meist sind
Auch Eure ganze Wut!
So schwer ist alles was schlecht
Das was uns halten soll
Zerbricht, das zarte Geflecht
Ja, das bringt euer Groll!
Doch was abwärts uns zieht
Nur stiller Friede fürs Land
Bedeckt von unserem Lied
Nun Freund, du hast's erkannt:
Geheilt, Dein einsames Ich
Das freudlos sieht die Welt
Die wir gewandelt für Dich
Zum weißen Sternenfeld
Der sanfte Schlummer so sacht
Bedeckt von mildem Licht
Er küsst, bevor ihr erwacht
Die Tränen aus dem Gesicht
So nimm den Reigen als Trost
(Vom Himmel unser Tanz)
Der all das Land liebkost
Mit unsrem Sternenglanz!"

So lausch ich nun der Melodei
Und schau nur noch zu Dir:
Mein Herz, nun auch von allem frei
Braucht nicht mehr, als Dich bei mir!
Leise rieselt der Schnee …

winterlandschaft, auch zu haus

dicke flocken, weiß und weich
schweben federgleich hernieder
färben weiß und machen gleich
unaufhaltsam, immer wieder
rieseln stetig, ohne ruh
bringen kälte, nehmen rechte
oh verflucht, verdammt seist du
ewigweiße schuppenflechte

Ohne Titel

Im Garten Eden, lang ists her
Da sprach Adam zu Jahwe:
„Oh Herr, mich langweilt's sehr
Das Paradies wird mir zur Strafe."
Sprach Gott!
„So soll es Kurzweil geben
Und die Tage süß Dir sein
Doch weil nichts umsonst im Leben
Brauch ich dafür Dein rechtes Bein."
„Herr, ich möcht ganz Eden sehen
Und find dies Glück niemals im Liegen.
Oh bitte, lass mich weiter gehen …
Was kann ich für 'ne Rippe kriegen?"

Ohne Titel

Tick
Ein Pendelschlag
Hebt die Welt aus den Angeln
Und kippt die Zeit
Der Schlag von Engelsflügeln
Kein Schwan, nicht weiß
Ein Pendel schlägt
Der Fall zurück
Flügelschlag
Und die Welt reimt sich wieder
Der Mond, den wir beide sehen
Der Weg, den wir beide gehen
Du, an meiner Hand
Herzen, in Liebe entbrannt
Dein Lächeln, himmelsklar
Schlichte Worte, immerwahr
Deine Augen, freudenhell
Deine Liebe, Lebensquell
Dann geht der Reim
Es kommt das Grau
Vor Augen, im Herzen
Nur Klagen, nur Schmerzen
Es reimt sich doch
Der Mond? Fels im All
Wegespläne? Nur Wörterhall
Meine Hand? Mag kein Herz zu halten
Feuer? Wird erkalten
Lächeln? Auch nur Schweigen
Worte? Der Lügen Reigen
Augen? Kein Seelentor
Liebe? Tanzt dem Reigen vor!

Tack!
Es schwingt zurück
Ein ganzes Leben, im Flügelschlag
Und doch: nur einherzschlaglang
Tick!
Ein Pendelschlag

Versuch eines Sonetts im Stile Shakespeares

Zur Lobpreisung und Verhöhnung der
Letzten und Einen Quelle der Veränderung

Verehrte Schöpferin der neuen Leben!
Mit Deinem Atem von Licht, heilig und weiß,
Sah man Dich vielgestaltig Formen weben,
Geschaffen aus vergessnem Alten. Ach, sei's
Der Keim neuer Welten, der Ursprung neuer
Freuden. So wie Du dem Leben Formen schenkst,
So schaffst Du uns auch neue Wege. Euer
Lohn ist sie, die neue Welt, die Du erdenkst.
Geheiligt sei Dein Zorn, gepriesen sei Dein
Hauch, der ganze Völker zum heil'gen Lichte
Sendet. Gerufen seiest Du, Quelle rein
Der Gegenwart, der Zukunft, der Geschichte!
Heute schließlich wird unsre Macht sich mehren
Durch Deine Kraft, Bombe die wir verehren!

zurück zum lehm

schau gen himmel, blinder narr
schau hinauf zum sonnenball
sieh das feuer wunderbar
lebensquell, fernab im all
hör das lodern, tumber tor
hör den schrei aus gottes kehl'
lausch mit deinem tauben ohr
dem heilgen lichte ohne fehl
fühl des heißen mundes atem
nur in der ferne feuersbrunst
kannst hier im goldnen lichte baden
liebkost von seiner liebend gunst
arme, nur aus glanz gewoben
ohne körper, ohne kraft
haben grün aus holz gehoben
aus toter erde lebenssaft
heben was kein mensch vermag
tragen was sonst niemand hält
allein du denkst das nur am tag
vergisst den lauf der runden welt
keine weite mag es halten
kein sonnentod stoppt diesen lauf
und doch kannst du im dunkeln walten
nimmst blind- und taubheit gern in kauf
denn wie vom wurm ist deine haut
nicht feucht, nicht sehend zwar
doch im lichte brennt sie laut
ein feuersturm, der zeigt was war
lebst jetzt, würmern gleichend
allein im wimmeln deiner art

und dem licht der wahrheit weichend
begehst du kriechend deine fahrt
ließest arm und beine fallen
waren unnütz, nur ballast
gabst damit auch die krallen
sodass du nichts zum schutze hast

Tulpenruf

Kein Schnee mehr, nirgendwo
Im späten frühen Jahr
Grünes Gras und Blumenmeer
Wo Schlichtheit gestern war

Und drüber hängt so süß
Der schwere Tulpenduft
Der mir, wie jedes Jahr
Erinnerungen ruft

Hast mir den Lenz genommen!
Für mich grünt's nimmermehr
Denn über allem hängt
Nur Tulpenduft so schwer

Kein Blick mehr für die Blumen
Kein Vogel singt für mich
Im Atem nur Erinnern
Erschau ich nur noch Dich

Wär's doch der Herbst!
Fürs Trauern wahre Zeit
Nicht mehr als Blättertreiben
Kein Blühen weit und breit

Nimm mir den Winter!
Trostlos, öde, weiß
Wer würd' ihn missen
Kein Blühen unterm Eis

Doch Du bist im Lenz gegangen
Und nahmst mir Blumen, Sonnenschein
Ich blieb im Tulpenduft gefangen
Und fürcht', es wird für immer sein

Funkenparabel

Wir tanzen einen Ringelreihen
Rundherum und hin und her
Wie die Flammen, Heim im Herde
Tanzen wir im Menschenmeer

Entzündet von des Einen Funken
(Löschen wird die Menschenflut)
Werden wir doch niemals wärmen
Wie es nur der Eine tut

In den Strudeln sind wir einzig
In der dunklen Brandung: Licht
Suchen ewig andres Leuchten
Überstrahlen alles, finden nicht

Drum ist unser Tanz so selten:
Traurig trotz der Funkenglut
Und einsam auch in all dem Reigen
Lenkt uns vorwärts nur die Flut

Stolzerfüllt von unsrem Glanze
Wird die ew'ge Suche schwer:
Hoffen auf das Eine Leuchten
Doch das brennt schon lang nicht mehr

kein gedicht

ich schau in deinen kopf
leere. füße. armer tropf!
in der mitte schwebt ein herz
vernarbt, hart wie eisenerz
eine niete, gelöst, schwächt die naht
nicht verschweißt, geflickt mit draht
so kann ich durch die spalte schauen
drinnen liegt ein knabe, tot. ein grauen.
sein kopf: zerschossen. die waffe in der hand.
werther ist's. da lehnt er. zerschossen. an der wand.
in der anderen hand: seine briefe. lotte wollt sie nicht.
da wollt er nicht mehr. schrieb eine nachricht:
„kein gedicht"
da frag ich: „kein gedicht? es reimt sich doch!"
er schaut mich an. ohne gesicht. (hat er ja zerschossen)
„dann lassen wir das reimen", sagt er. „das leben reimt
sich nicht."
„und was machst du da, in ihrem herz?", frag ich ihn.
„ich faule. lös mich auf. ich bin der tote poet.
hab mich erschossen, die waffe hielt nicht ich.
bald bin ich weg. dann ist auch dieses herz leer."
„ja, man kann auch mit totem herz leben.
und dabei ist man zumindest nicht unglücklich"
„ja. und mit leerem kopf ist man viel glücklicher",
erwidert er.
und sagt:
„aber du kannst gar nicht mit mir reden.
ich bin tot. außerdem kann man nicht in fremde
herzen schauen."
natürlich. und tote poeten schreiben keine gedichte!

Darum

Schauen wir zur Pendeluhr
Wie sie unaufhaltsam schlägt
Es scheint, als sei's das Pendel nur
Das Moment und Stunden trägt

Steht es still, so tut's der Rest
Kein Ticken mehr, kein Zeigerschlag
Und wenn man's weiterschlagen lässt
So schlägt's herbei den nächsten Tag

Mächtig ist's, trennt Stunden auf
Wirft Jahr um Jahr leicht auf die Welt
Trägt Berge ab, lenkt Flusseslauf
Schlägt Fels zu Sand und jeden Held

Ein Schwert, zu stark für Götterhand
Schneidet, was kein Stahl vermag
Und doch nur Schmuckwerk an der Wand
Ruht ohne mich am nächsten Tag

Minnelied

Was wisst ihr Vögel schon von Liebe
Von der ihr unaufhörlich singt
Was kennt ihr schon als bloße Triebe
Mehr ist es nicht, was in euch klingt
Was kennt ihr schon - ihr lebt so leicht
Sogar der Wind schaffts euch zu tragen
Was unstet allem Übel weicht
Vermag doch darob nichts zu sagen
Was kennt ihr schon, wenn ihr das Leben
Als bloßen Freudentanz erlebt
Und nie allein der Liebe wegen
Der Himmelsweiten Wart entstrebt
Was wollt ihr schon vom Lieben wissen
Wenns ewig während euch erscheint
Wie könntet ihr das Missen missend
Lieben was ihr nie beweint?
Was wisst ihr schon?
Seht das vielleicht als Trauersang!
Doch auch wenn ich die Ebbe kenn
Besing ich hier der Fluten Gang

Universi

Da marschieren sie
Im Gleichschritt
Uniform in Geist und Stoff
Da marschieren sie
Die Drohnen
Für den Bienenstaat
Da marschieren sie
Wie Soldaten
Krieg dem freien Geist!
Da marschieren sie
Wie ein Wesen
Gleich Zellen im Drachenleib
Da kriecht er
Der große Drache
Frisst Menschen, Dörfer, Welt
Wie kommt es
Dass trotz seiner Größe
Nur ich seinen Namen weiß?

Mutterliebe

Was bist Du kalt, mein Kind
Wie Grabeserd, wie Flussgestein
Komm, ich bett Dich warm
Sollst nie mehr unbehütet sein
Bist noch schwach, mein Kind
Kein Zittern, kaum ein Ton
Du atmest schwach, so still
Sag doch: Schläfst du schon?
Deine Haut ist blass, mein Kind
Wie Marmor, wie zu dünnes Eis
Dunkle Flecken auf der Haut
Brechen fast perfektes Weiß
Was bist Du leicht, mein Kind
Federgleich und viel zu zart
Wo pralles Leben schwand
Ragen kleine Knochen hart
Leid bleibt ewig ungewohnt.
Denn als mein Kind ins Leben kam
Wars der gleiche Schmerz wie jetzt
Als ich es aus dem Grabe nahm

Fragmente

Am Fenster in die dunkle Ferne
Stand und sah ich diese Nacht
Zuvor zerschoss die Laterne
Bin von ihrem Licht erwacht

Wie der Phoenix aus der Asche
Wie der Teufel aus der Flasche
Komm ich immer immer wieder
Nur im Lenz – ich bin der Flieder!

----

unter einer eiche sitz ich wohl
stark scheint sie, der stamm doch hohl
in ihrem schatten sicher wähnt
wer niemals an der eiche lehnt

----

ich denke, also bin ich
jetzt denk ich, ich seh dich
doch dass du denkst, dass denk nur ich
drum frage ich: sag, gibt es dich?

Wiesengrün
Gebiert uns gelb
Gebiert uns kühn
Jede Farbe dieser Welt
Himmelsblau
Gebiert uns Licht
Zeigt sich grau
Doch bleibt es nicht

Der Geist
Er bleibt stehts klar
Und ist zumeist
Farblos gar

Hat einer von euch Endes „Unendliche Geschichte"
gelesen?
Na?

Da ist der wahre Wunsch ja auch ein unersetzlicher
und wichtiger Bestandteil:
Bastian erfüllt sich mit dem AURYN alle seine Wün-
sche. Nur um zu merken, dass ihn diese leider nicht
glücklich machen.

Erst geliebt zu werden, erweist sich nach langer Suche
als sein wahrer Wunsch.

Trauerstück

Donnervogel, Götterschwinge
Dumpfer Schlag, Pol zu Pol
Göttervogel, Donnerschwinge
Einst Gesang, nunmehr hohl

Donnersinger, Himmelsgott
Im Schritt dereinst noch leicht
Himmelsinger, Donnergott
Machst Beben, alles weicht

Erdenbeber, Donnerschreiter!
Meine Träume werf ich Dir
Donnerbeber – Erdenschreiter
Leichten Fußes jetzt dank mir!

Mondenauge, Sternenlicht
Setz mit Sorgfalt jeden Schritt!
Sternenauge, Mondenlicht
Denn den Träumer trittst Du mit.

Dunkle Monde, zehn davon
Bald vom Firmament gebannt
Zehn Sicheln gehen davon
Gestern noch durch Götterhand

Donnervogel, Götterschwinge
Deine Schritte, Pol zu Pol
Göttervogel, Donnerschwinge
Abgesang – mein Atem wohl.

Blitz.

Traumesleere. Zauberwort.
Traumesschwere. Gab sie fort.

Flimmern.

Träume fliegen. Traumesschaum.
Ohne: Liegen. Glaubt es kaum.
Nun donnert, was ohn einzig Schritt
Dies ganze Leben noch zertritt.

Stille.
Aus.

Fragen? Antworten?
Suchen. Finden.

„Da gibt es ein Land der Lebenden
und da gibt es ein Land der Toten.
Die Brücke zwischen ihnen ist die Liebe."

folgende Gedichte von Sabine Geyer

Herzblut

Seele erstarrt, Eisen ums Herz,
habe keine Worte, zu groß ist der Schmerz.
Ich weine mit dem Herzen, Tränen verwehrt.
Kann dich nicht finden.
Stummer Schrei, alles vorbei.

Seele erfroren, du bist so fern.
So weit gegangen, ich sehe den Stern.
Bist mir doch nah, sehe dein Gesicht, höre deine Worte.
Finde dich nicht.
Stummer Schrei, alles vorbei.

Kann nichts erzwingen, nur hoffen. Träume sind wahr.
Du wirst mich finden, Zeichen sind klar.
Seele verletzt, Herzblut verrinnt.
Du wirst mich finden, will es glauben, mein Kind.
Stummer Schrei, nichts ist vorbei.

Liebe

Ein Blatt unter vielen, das sich bewegt, als führe es
eine Hand.
Deine Hand?

Die Stimme des Windes, die Worte erahnen lässt.
Deine Stimme, mein Kind?

Ein Vogel, der immer wieder über mir kreist.
Dein Bote?

Ein Lächeln im Vorübergehen.
Dein Gesicht?
Du bist es wieder nicht.

Glauben

Ich suche dich im Licht des Tages
und in der Dunkelheit der Nacht.

Ich höre dich im Flüstern des Windes
und im Rauschen der Bäume.

Ich finde dich in meinem Herzen
und in der Tiefe meiner Träume.

Wir gehen den gleichen Weg
und werden uns wiedersehen.

Frühlingsblumen

Sie hat dir Frühlingsblumen fest versprochen.
Auf dem Balkon, in eurem kleinen Reich.

Doch diese Hoffnung hat sie dir genommen,
denn ihre Liebe war zu leicht.

Du bist gegangen, als die Sommerblumen blühten,
im Frühling dann, da warst du lang schon fort.

Im Warten, da ist dein Herz zerbrochen.
Du warst ihr treu, doch sie kam nicht –
vergaß ihr Wort.

Nun blühen wieder Sommerblumen.
Die Zeit verrinnt und bleibt doch stehen.

In meinem Herzen ist das Hoffen, dass wir, wenn
auch getrennt,
die gleichen Wege gehen.

Bei dir

Der kleine, junge Fliederbaum,
erblüht im zarten Grün – ganz nah bei dir.

Bewacht für immer deinen Traum,
hört manche Klagen – auch von mir.

Stolz streckt er seine Zweige aus,
geschmückt mit Liebespfand.

Der Wind, der durch die Äste streift,
er streichelt mich – wie deine Hand.

Angst

Manchmal habe ich Angst, dass meine Hoffnung ver-
gehen könnte.
Manchmal habe ich Angst, dass mein Glaube zu
schwach sein könnte.
Manchmal habe ich Angst, dass wir uns nicht finden
werden.
Dann höre ich das Raunen des Windes und weiß-
Alles wird gut.

Seele

Ich habe mich verloren.
Ein Teil von mir ist mit dir gegangen.
Ein Teil von mir irrt durch die Zeit.

Ich lebe, aber die Welt ist kleiner geworden.
Du fehlst.
Ich lächle, aber mein Herz weint,
denn dein Lachen ist so weit.

Ich suche nach dir und ich suche nach mir.
Wenn wir uns finden –

bin ich angekommen.

Trauer

Nimm den Schmerz von mir,
sprach meine Seele.

Erdrücke mich nicht,
rief mein Herz.

Das müsst ihr ertragen,
erwiderte mein ich.

Es sind die Schlüssel zur Erinnerung
und gegen das Vergessen.

Traumzeit

Tausend Schatten hat die Nacht, einen auch für mich.
Legt sich wie ein zartes Tuch sanft auf mein Gesicht.
Ich verberge mich.

Tausend Ängste hat die Nacht, eine auch für mich.
Ich suche den Sternenhimmel ab.
Ich vermisse dich.

Tausend Träume hat die Nacht, einen auch für mich.
Wünsche werden endlos frei.
Ich finde dich.

Ein Sommertag

Der Sommer ist nun fast vorbei.
Noch gestern blühten Rosen.
Die Vögel machen sich bereit.
Die Felder, Wälder, Wiesen,
sie weben schon ihr Winterkleid.

Die Tage werden stiller,
die Nächte werden lang.
Manch Menschenherz erschauert
Im Bangen vor der dunklen Zeit,
wenn kalter Regen tränengleich
vom Himmel fällt.

Doch irgendwann wird's wieder Sommer.
Und irgendwann wird's wieder Sonnenschein.
Sei still, mein Herz, du musst nur warten,
denn irgendwann bist du nicht mehr allein.

Ein Tag

Heut' ist ein guter Tag zum Leben.
Heut' ist ein guter Tag zum Sterben.
Sogar die Sonne scheint im Regen.

Die Zeit des Wartens ist vorbei.
Ich werde mit Dir gehen.
Mein Herz zerbricht im Glück.
Ich werde Dich bald wiedersehen.

Warum

Warum bist du so traurig?
Siehst du nicht die Sonne?
Hörst du nicht das Singen der Vögel?

Spürst du nicht, wie leise raunend
der Wind dich umschmeichelt?
Glaube mir, du bist nicht allein.

Glaube mir, er ist ganz nah bei dir.
Glaube mir, er geht neben dir.
Glaube mir, eure Wege werden sich kreuzen.

Maiennacht

Eine Nacht wie im Traum.
Stille. Kein Windhauch. Luft wie Seide.
Eine Nacht im Mai.

Kein Sternenschein durchdringt das Dämmerlicht.
Magische Zeit, rötlicher Schein um Mitternacht.
Die Nachtigall singt ihr süßes Lied.
Es ist kein Traum.

Zeit zwischen den Zeiten.
Nicht wirklich und doch real.
Seele ist frei, inniges Lauschen. Hoffen.
Höre ich dich?

Bäume und Wiesen im zarten Grün.
Silbriges Licht, das keines ist.
Ein Nachtvogel gleitet vorbei.
Ich schließe die Augen und spüre dich.

Zauberbaum

An einem stillen Ort,
da wächst ein Zauberbaum.
Beschützend steht er nah bei dir,
bewacht verschwiegen deinen Traum.

Bin ich bei dir und lausche traurig in den Wind,
bewegt der Zauberbaum die Äste.
Rufst du mich, mein Kind?

Ich ahne Worte, leichter wird mein Herz.
Ganz zart berührt der Wind mich,
Blätter rauschen.
Bist' nah bei mir, nicht mehr fern,
mein Kind.

So bin ich

Ihr schaut mich an, seht mein Gesicht,
aber ihr erkennt mich nicht.
Lachender Mund, weinendes Herz.
Ich scherze mit euch,
aber ihr erkennt mich nicht.

Was wisst ihr, wenn Stolz stärker ist als Leid?
Was wisst ihr von Gedanken,
die in Tränen ertrinken?
Ihr erkennt mich nicht.

Stunden werden Tage. Tage werden Wochen.
Monate werden Jahre.
Wie lange erträgt ein Mensch diesen Schmerz?

Schaut mich nur an, lacht mit mir.
Lobt meine Tapferkeit,
aber ihr erkennt mich nicht.

Mein Versprechen

Ich habe dir versprochen, dass ich dich loslasse,
damit du deinen Weg gehen kannst.

Meine Gedanken werden dich immer begleiten.
Du wirst mir immer nahe sein.

Wir sehen uns wieder.
Daran will ich glauben.

Für K.

Denkst du wirklich, ich spüre nicht deinen Schmerz?
Glaubst du wirklich, ich sehe deine Tränen nicht?

Fürchtest du wirklich,
du könntest für mich nicht stark genug sein?

Sei gewiss, weil du so bist,
liebe ich dich!

Für A. F.

Bitte lass uns reden und nicht schweigen.
Jeder Augenblick der war,
ist unwiderbringlich verloren.

Jeder neue Morgen ist ein Anfang
und doch auch ein Abschied.

Du musst wissen und daran glauben,
wie sehr ich dich liebe.
Ich bin dankbar, dass es dich gibt.

Steht nicht an meinem Grab und weint,

ich bin nicht da, ich schlafe nicht.
Ich bin eine der tausend wogenden Wellen des Sees,
ich bin das diamantene Glitzern des Schnees,
wenn ihr erwacht in der Stille am Morgen,
dann bin ich für euch verborgen,

ich bin ein Vogel im Flug,
leise wie ein Luftzug,
ich bin das sanfte Licht der Sterne in der Nacht.

Steht nicht an meinem Grab und weint,
ich bin nicht da, ich schlafe nicht ...

(Lakota)

Impressum

Herausgeberin: Sabine Geyer
© 2011, Rechte der Texte und Abbildungen liegen bei der
Herausgeberin

Projektbegleitung: Katrin Greiner, Halle (Saale)
                    Hans-Jürgen Paasch, Oeste

1. Auflage, 2011
Herstellung und Verlag: Books on Demand GmbH,
Norderstedt
ISBN: 978-3-84235-777-8